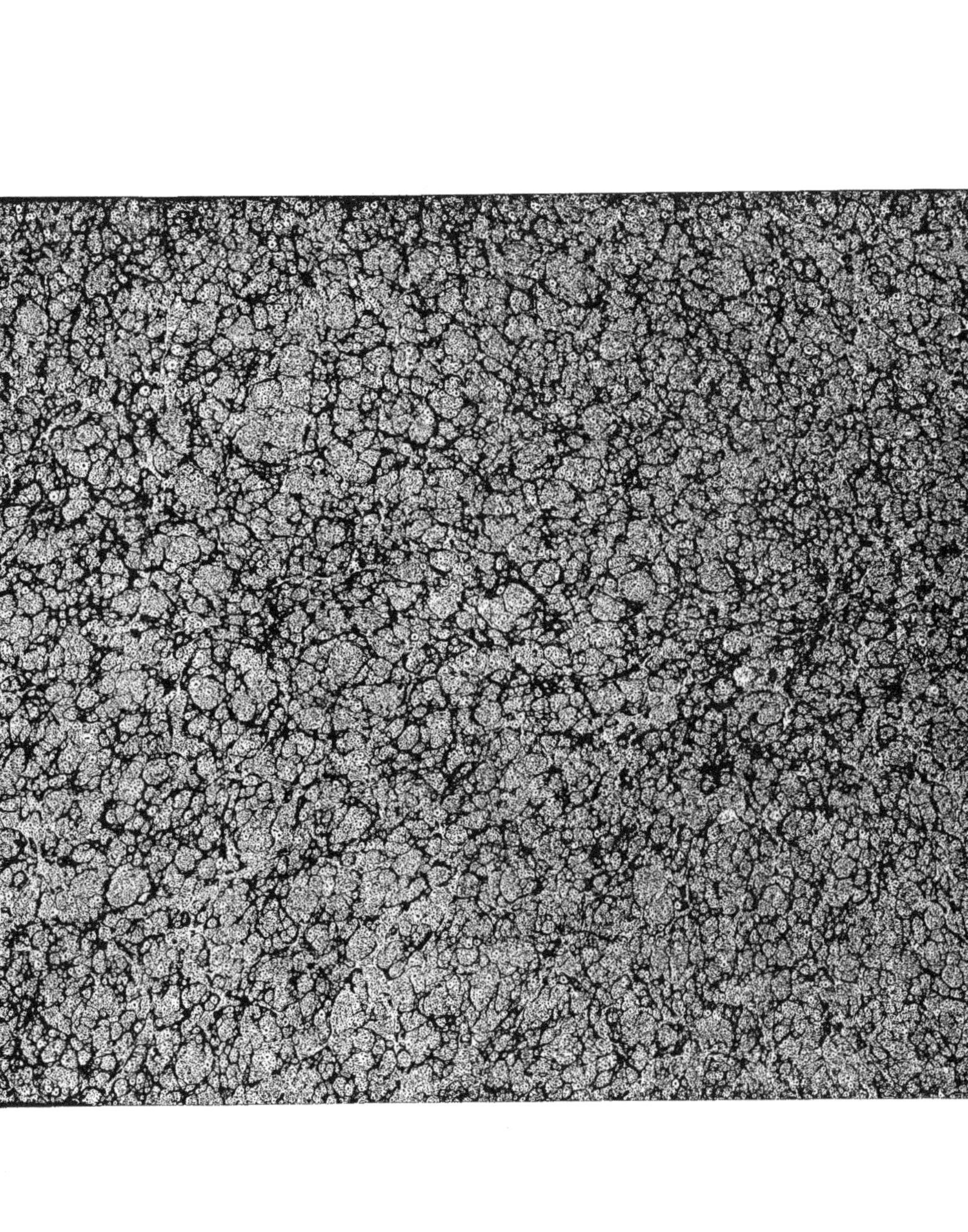

ATLAS

DE

LA NOUVELLE GÉOGRAPHIE DES ÉCOLES.

ATLAS

DE

LA NOUVELLE GÉOGRAPHIE DES ÉCOLES,

POUVANT SERVIR DE SUITE OU DE COMPLÉMENT

A TOUS LES OUVRAGES ÉLÉMENTAIRES DE GÉOGRAPHIE.

PARIS,

A LA LIBRAIRIE ENCYCLOPÉDIQUE DE RORET, RUE HAUTEFEUILLE, 10bis.

(IMPRIMERIE ET FONDERIE DE FAIN, RUE RACINE, 4.)

ATLAS

DE

LA GÉOGRAPHIE DES ÉCOLES.

EXPLICATION

DES PLANCHES ET DES CARTES

QUI LE COMPOSENT.

Pl. 1, *fig.* 1. Mappe-monde en deux hémisphères, *oriental* et *occidental*, sur le méridien de Paris.

———*fig.* 2. Dans cette figure on a représenté réunies toutes les parties les plus essentielles de la géographie physique : *plateau, chaîne de montagnes, dunes, falaise, presqu'île, isthme, pointe de terre, cap, île, archipel, lac, étang, marais, source, ruisseau, rivière, confluent, fleuve, embouchure, canal, mer intérieure ou méditerranée, mer extérieure, détroit, golfe, baie, port, jetée* ou amas de pierres encaissées à l'entrée d'un port pour arrêter les vagues de la mer; *barre* ou masse de sables qui s'amoncèlent dans la mer, soit à l'embouchure d'une rivière, soit devant certaines côtes dont elles rendent l'approche difficile; *banc de sable*, amas de sable caché sous les eaux; *écueils* ou rochers qui s'élèvent à fleur d'eau.

    La représentation de ces diverses parties du globe complète l'idée que pourraient en donner les meilleures descriptions.

———*fig.* 3. Sphère armillaire, d'après le système de Ptolémée.

(Pl. 1, *fig.* 3.) *a*, premier méridien.
  b, cercle de l'horizon.
  c, zodiaque.
  d, écliptique.
  e, cercle horaire.
  f, cercle polaire arctique.
  g, cercle polaire antarctique.
  h, tropique du Cancer.
  i, tropique du Capricorne.
  j, équateur.
  T, terre.
  S, soleil.
  L, lune.

———*fig.* 4. Sphère représentant notre système planétaire d'après Copernic.
  a, zodiaque.
  b, écliptique.
  c, colure des solstices.
  d, colure des équinoxes.

    On voit par cette figure que les colures sont le

(Pl. 1, *fig.* 4.)   deux grands cercles qui coupent l'équateur à angles droits et en quatre parties égales.

       S, soleil.

       M, Mercure.

       V, Vénus.

       T, terre avec la lune, son satellite.

       Les autres planètes sont, en s'éloignant de plus en plus du soleil, *Mars, Cérès, Pallas, Junon, Vesta, Jupiter, Saturne* et *Uranus.*

———*fig.* 5. Sphère terrestre.

———*fig.* 6. Sphère céleste.

———*fig.* 7. Aspect de la lune vue au télescope, et présentant de grandes taches que l'on regarde comme d'immenses cratères éteints.

———*fig.* 8. Aspect du soleil vu au télescope, et présentant des aspérités qui ressemblent à des montagnes, et des taches mobiles dont on ne connaît ni la nature ni la cause.

———*fig.* 9. Position du soleil par rapport à la terre au solstice d'été.

———*fig.* 10. Position du soleil par rapport à la terre au solstice d'hiver.

———*fig.* 11. Cette figure donne une idée de ce que l'on entend en géographie par *antipodes,* c'est-à-dire les habitants de la terre qui sont situés dans des contrées diamétralement opposées les unes aux autres. Ainsi ceux qui sont à la fois et sous le même méridien et sous des parallèles également éloignés de l'équateur, mais les uns au nord et les autres au sud de ce cercle, de manière qu'il y ait entre eux un arc de 180 degrés, sont les antipodes les uns des autres.

       On a longtemps regardé comme une erreur grossière l'opinion de l'existence des antipodes : aujourd'hui ce fait paraît si simple, qu'on est étonné qu'il ait pu donner matière aux discussions sérieuses qui se sont élevées sur ce point, surtout pendant le moyen âge. Il n'est cependant que la conséquence de l'attraction qui du centre de la terre agit sur tous les corps placés à sa

(Pl. 1, *fig.* 11.)   surface, et de la pesanteur de la colonne d'air qui agit aussi sur ces mêmes corps.

———*fig.* 12. Cette figure représente ce qu'on appelle la *rose des vents.* Ils sont au nombre de seize.

       Les quatre principaux sont ceux de *nord*, de *sud*, d'*est* et d'*ouest.*

       Les quatre intermédiaires sont ceux de *nord-est, sud-ouest, nord-ouest* et *sud-est.*

       Les quatre autres, ceux de *nord-nord-est, sud-sud-ouest, ouest-nord-ouest* et *est-sud-est.*

       Enfin, les quatre derniers sont ceux de *est-nord-est, ouest-sud-ouest, est-sud-est* et *nord-nord-ouest.*

       Ces dénominations sont indiquées par les lettres majuscules en usage.

———*fig.* 13. Figure représentant le phénomène de l'*éclipse* de lune.

———*fig.* 14. Cette figure représente l'éclipse de soleil.

———*fig.* 15. Cette figure représente les phases de la lune :

       c est la nouvelle lune ;

       d, le premier quartier ;

       a, la pleine lune ;

       b, le deuxième quartier, etc.

———*fig.* 16, 17 et 18. Sphères portatives enfermées dans des boîtes.

Pl. 2 . . . . . . Carte de l'Europe.

Pl. 3 . . . . . Carte de l'Asie.

Pl. 4 . . . . . . Carte de l'Afrique.

Pl. 5 . . . . . Carte des deux Amériques.

Pl. 6 . . . . . . Carte de l'Océanie, indiquant les quatre divisions de la *Malaisie*, de la *Micronésie*, de l'*Australie* et de la *Polynésie*, d'après la Géographie des Écoles.

Pl. 7 . . . . . . Carte de la France divisée en départements.

Pl. 8 . . . . . . Cette planche représente les principaux peuples des différentes parties du monde, savoir :

En Europe.

1° Habitant du *Highlands* ou de la Haute-Écosse.

(Pl. 8.). . . . 2º. Femme du canton de Berne.

3º Français de la haute classe. — Paysans de la Picardie.

4º Habitants de l'Allemagne centrale.

5º Espagnol.

6º Guerrier et femme de la Grèce.

7º Chef de l'ancienne milice des janissaires.

8º Cosaques du Don.

9º Paysan russe dans son traîneau d'hiver.

En Asie.

1º Habitants de la Turquie d'Asie, contrée où le costume des Ottomans n'a point subi les réformes du grand-sultan.

2º Guerrier afghan.

3º Costume et habitations des Arabes sédentaires.

4º Hindous mahométans.

5º Habitants de la Chine.

En Afrique.

1º Maures des deux sexes.

2º Homme et femme des tribus qui habitent les oasis du désert de Sahara.

3º Habitants de Timbocton ou Tombouctou.

4º Habitants du royaume d'Achanti, sur la côte de Guinée.

5º Cafre et Hottentot du cap de Bonne-Espérance.

En Amérique.

1º Esquimaux.

2º Indigènes des bords du Missouri.

3º Indigènes du Haut-Canada.

4º Indigènes de l'Amérique méridionale.

5º Habitants du Brésil.

En Océanie.

(Pl. 8.). . . . 1º Habitant de Java.

2º Habitant de Célèbes.

3º Costume des femmes de l'île d'O-tahiti avant 1797, époque à laquelle cette île a été convertie au christianisme par les missionnaires protestants.

4º Habitants de l'île Houa-houa ou Wavæo, dans l'archipel de Tonga.

5º Habitants d'autres îles de l'Océanie orientale.

On a terminé cette planche par la représentation de plusieurs objets relatifs à la géographie physique : ainsi l'éruption d'un volcan ; une cataracte qui peut donner une idée du saut du Niagara ; la vue d'une vallée arrosée par une rivière, d'un glacier, d'un torrent, du grand Geiser de l'Islande, de la grotte de Fingal dans l'île de Staffa, l'une des Hébrides, en Écosse. Cette grotte est formée de l'une des plus belles réunions de prismes basaltiques que l'on puisse voir. Enfin, la dernière figure représente la chute d'une avalanche de neige.

Pl. 9. . . . . . On a représenté sur cette planche une vue des principales villes des cinq parties du monde.

Ainsi, pour celles de l'Europe, on remarque *Paris* avec le Louvre et le pont du Carousel ; *Londres* dominée par sa belle coupole de Saint-Paul ; *Rome* avec son château Saint-Ange, antique mausolée d'Adrien ; *Constantinople* avec ses nombreuses mosquées ; *Amsterdam* avec son pont sur l'Amstel ; *Stockholm* avec son palais royal ; *Berlin* vu hors de son enceinte, et dominé par ses palais et ses églises ; *Saint-Pétersbourg* avec son magnifique palais de la Bourse dans le quartier appelé *Vassili Ottrof* (île Basile) ; *Madrid* avec son beau palais au bord du Manzanarès ; *Venise* avec ses canaux et ses églises ; *Dublin*, dont les environs sont embellis par le cours du Liffy ; *Dresde* avec son magnifique pont de seize arches et de 1420 pieds de longueur, sur l'Elbe.

Pl. 9.). . . . . Pour l'Asie, nous avons représenté *Calcutta* avec ses plus beaux édifices au bord de l'Hougly, l'un des bras du Gange.

Pour l'Afrique, nous donnons *Alger* vu des bords de la mer.

(Pl. 9.). . . . . Pour l'Amérique, *Philadelphie*, remarquable par ses rues larges et bien alignées.

Pour l'Océanie, la ville de *Sydney*, bâtie sur le revers de deux coteaux et dominant un port magnifique.

FIN DE L'ATLAS.

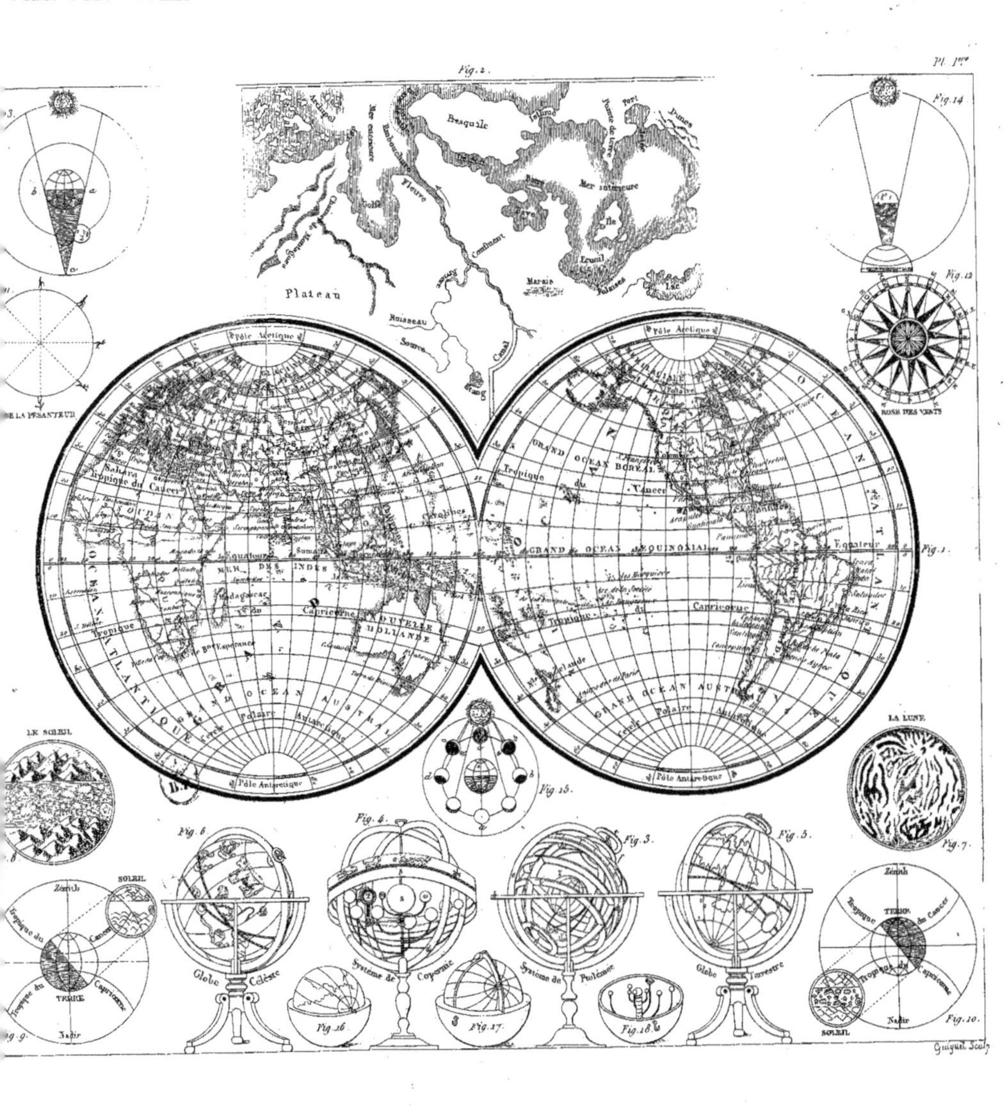

Pl. 2.
GRAND OCÉAN
MER GLACIALE
ISLANDE
Reikiavik
ILES BRITANNIQUES
MER DU NORD
DANNEMARK
LA MANCHE
MER DE SICILE
AFRIQUE
MER MÉDITERRANÉE
RUSSIE
MER NOIRE
TURQUIE D'ASIE
MER CASPIENNE
PERSE
Obi Fl.
EUROPE
PAR L. VIVIEN
1837
Chez Borel Libraire, Rue-Hautefeuille N°.10 bis.

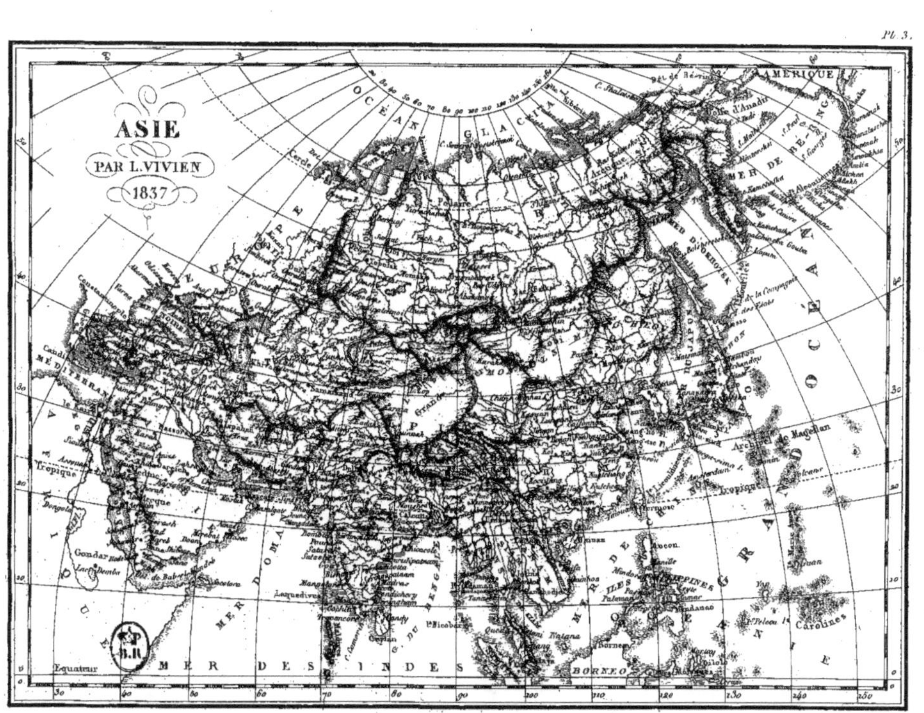

Chez Borel, Libraire, Rue Hautefeuille N° 10 bis.

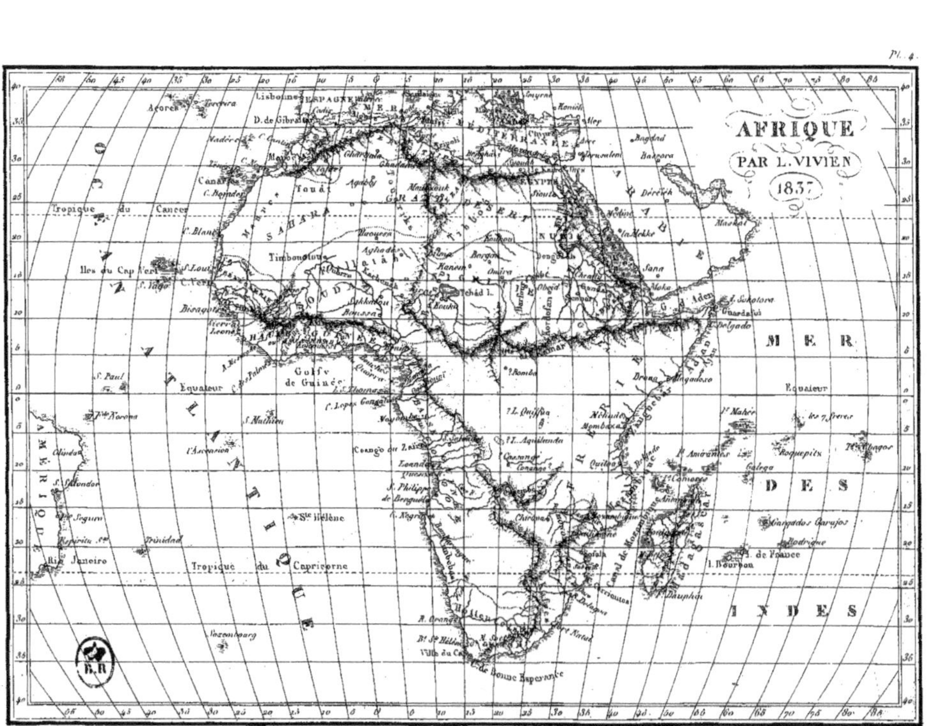
AFRIQUE
PAR L. VIVIEN
1837
MER MEDITERRANÉE
SAHARA
SOUDAN
Tropique du Cancer
Équateur
Tropique du Capricorne
Golfe de Guinée
OCÉAN ATLANTIQUE
MER DES INDES
Lisbonne
ESPAGNE
D. de Gibraltar
Açores
Tercera
Madère
Canaries
C. Blanc
Iles du Cap Vert
S. Jago
C. Vert
Sierra Leone
Timbouctou
Tchad L.
Aden
la Mekke
Sana
C. Lopes Gonga
S. Mathieu
l'Ascension
Ste Hélène
Congo ou Zaïre
Loanda
S. Philippe de Benguela
Madagascar
I. de France
I. Bourbon
Socotora
Mombace
Quiloa
Mozambique
Sofala
C. de Bonne Espérance
Ville du Cap
Rio Janeiro
Trinidad
Equateur

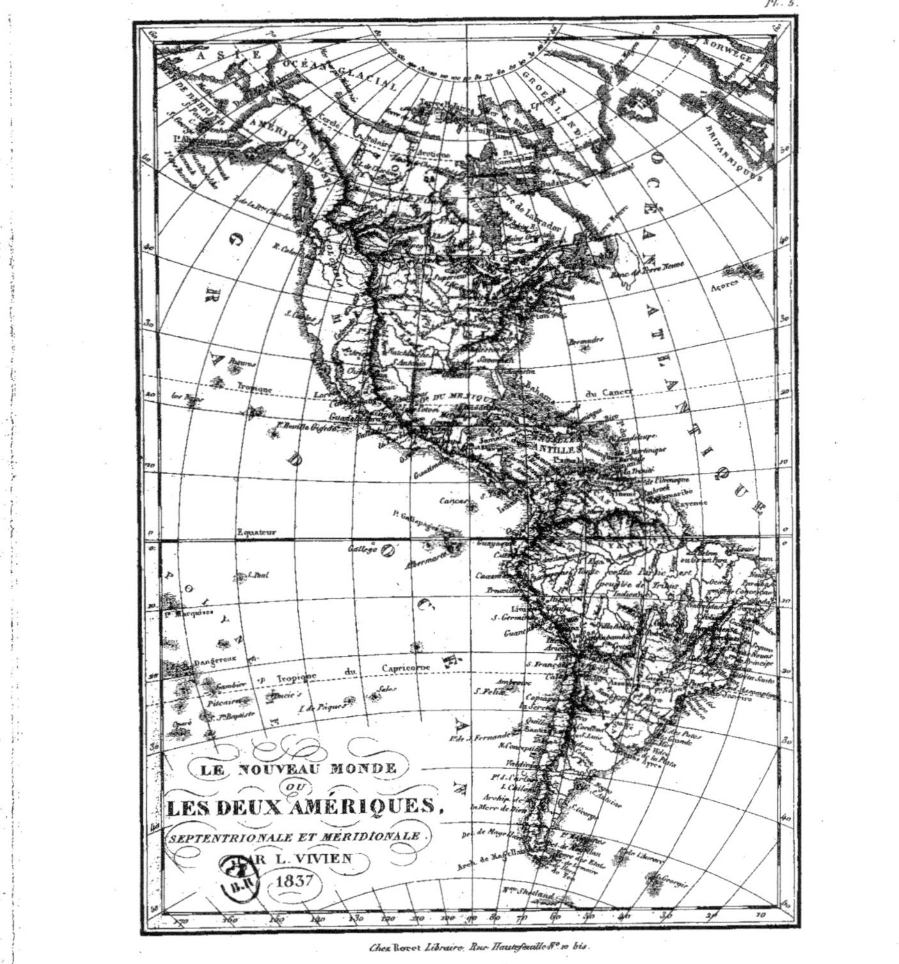

Chez Rovet Libraire, Rue Hautefeuille N° 10 bis.

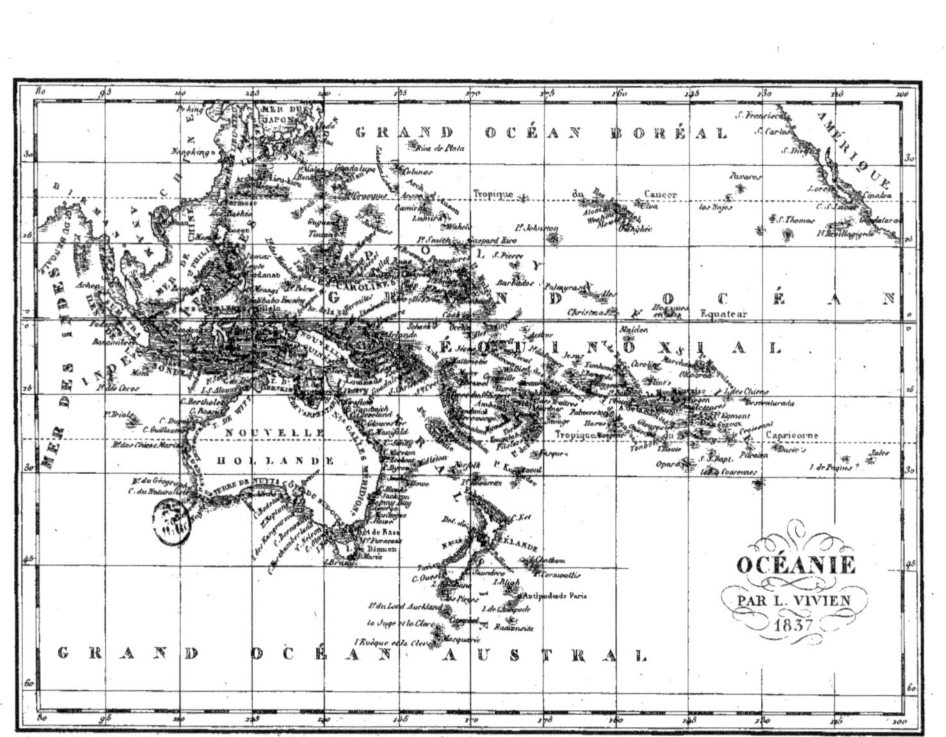

GRAND OCÉAN BORÉAL
AMÉRIQUE
MER DU JAPON
Péking
Hongking
MER DE CHINE
MER DES INDES
NOUVELLE HOLLANDE
TERRE DE NUYTS
NOUVELLE
HOLLANDE
Tropique du Cancer
Equateur
ÉQUINOXIAL
GRAND OCÉAN
Tropique du Capricorne
I. de Pâques
GRAND OCÉAN AUSTRAL
CAROLINES
POLYNÉSIE
Dièmen
Maria
OCÉANIE
PAR L. VIVIEN
1837

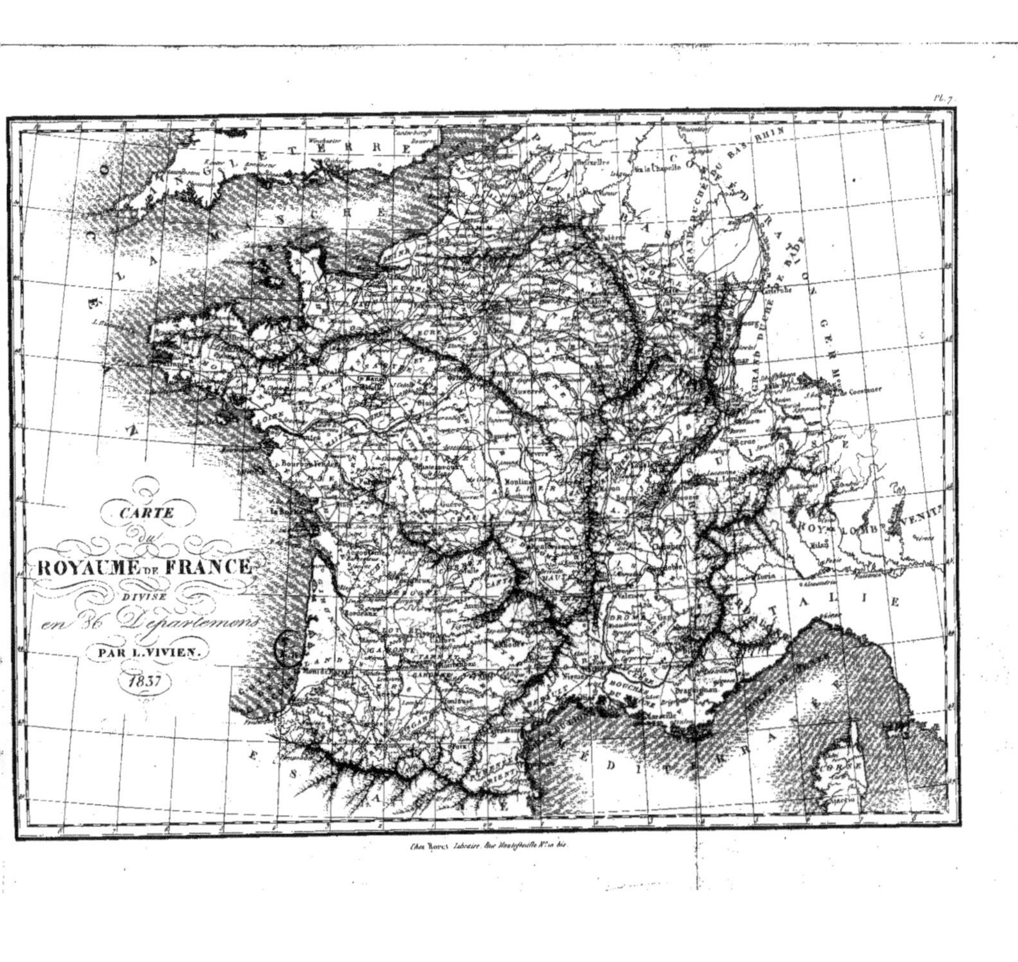

CARTE
du
ROYAUME DE FRANCE
DIVISE
en 36 Départemens
PAR L. VIVIEN.
1837
ANGLETERRE
LA MANCHE
ITALIE
ESPAGNE
MEDITERRANÉE

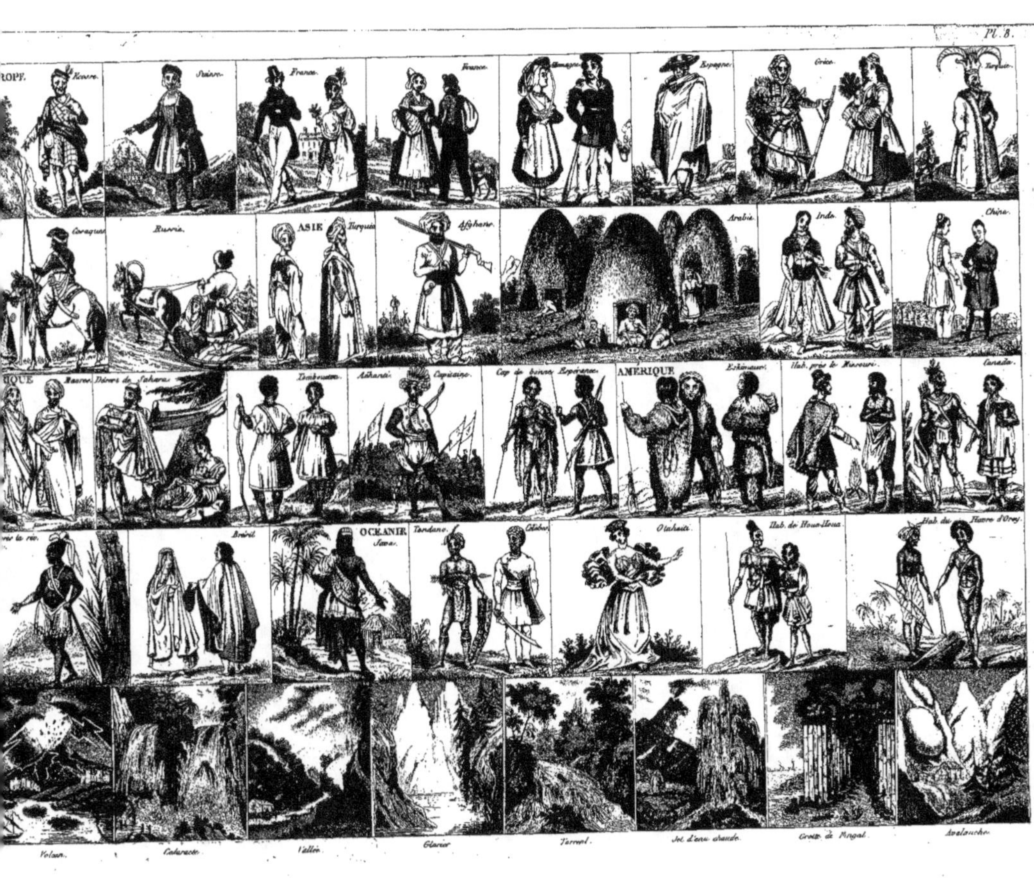

Paris.
Londres.
Rome.
Constantinople.
Pl. 9.
Amsterdam.
Stockholm.
Berlin.
Petersbourg.
Madrid.
Venise.
Dublin.
Dresde.
ASIE. Calcutta.
AFRIQUE. Alger.
AMÉRIQUE. Philadelphie.
OCÉANIE. Sydney (Nouvelle Hollande).

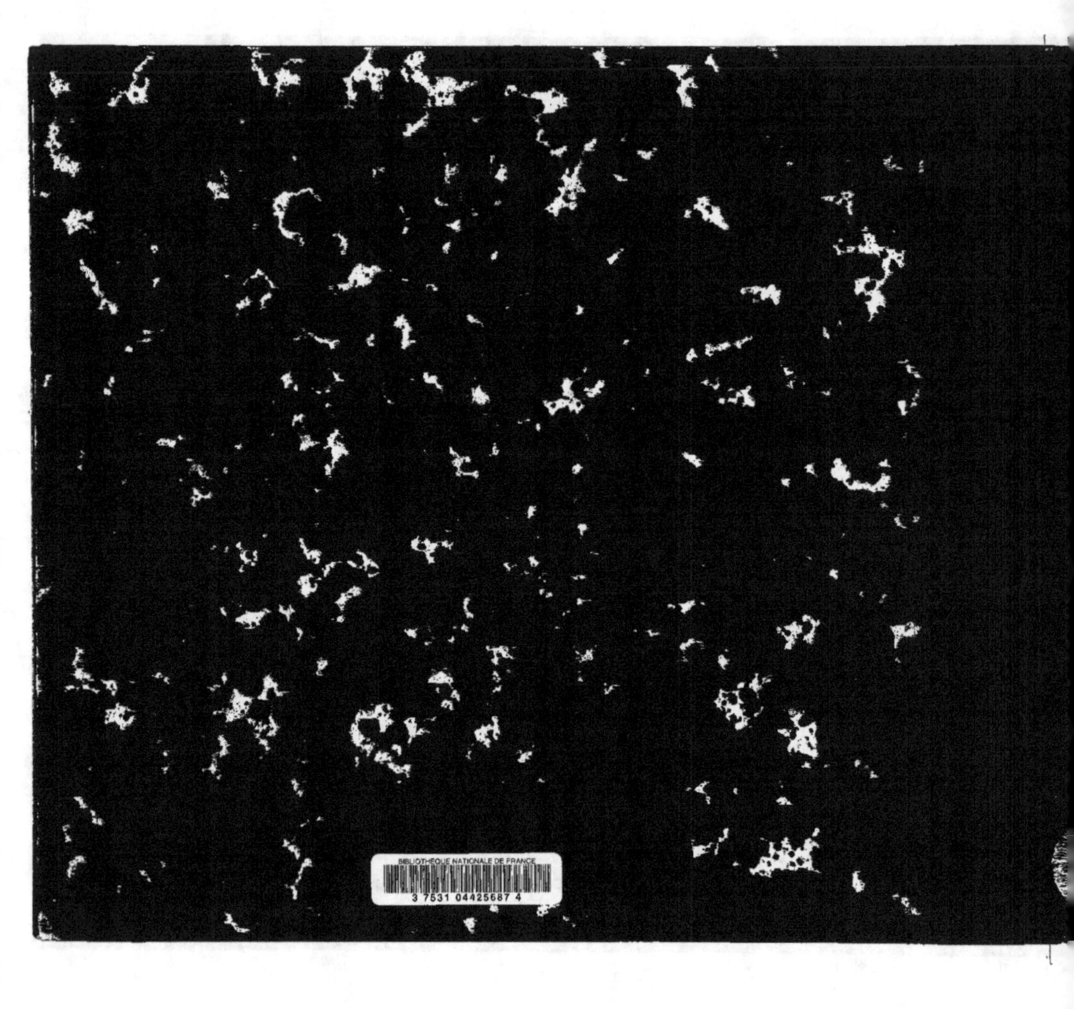
BIBLIOTHÈQUE NATIONALE DE FRANCE
3 7531 04425687 4